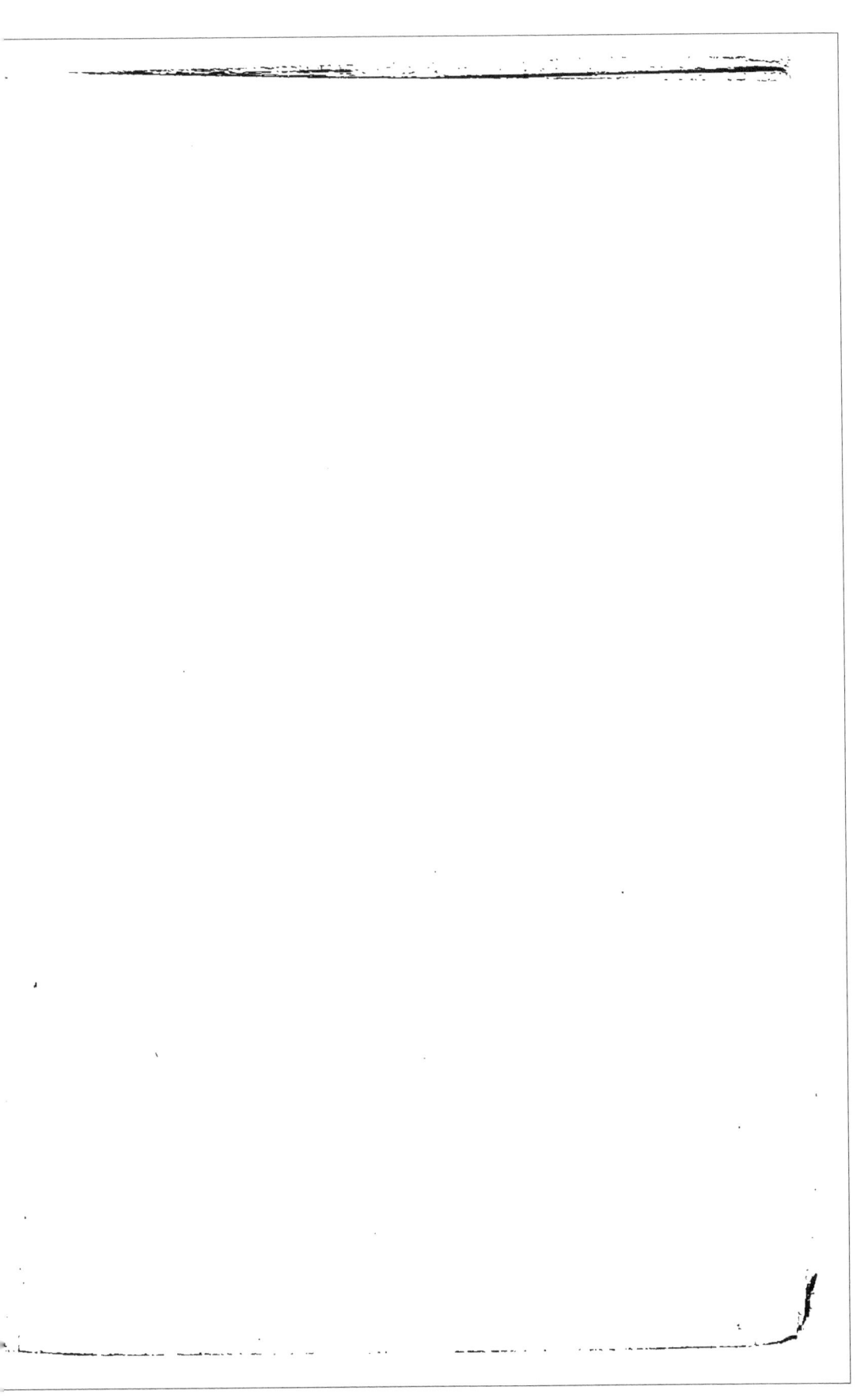

PETITE BIBLIOTHÈQUE PICARDE

RÉCITS DE L'INVASION.

—

LE LIEUTENANT SCHMIDT

PAR

H. DAUSSY.

AMIENS,

T. JEUNET, IMPRIMEUR-ÉDITEUR,
Rue des Capucins, 45.

M C DDD LXXXII.

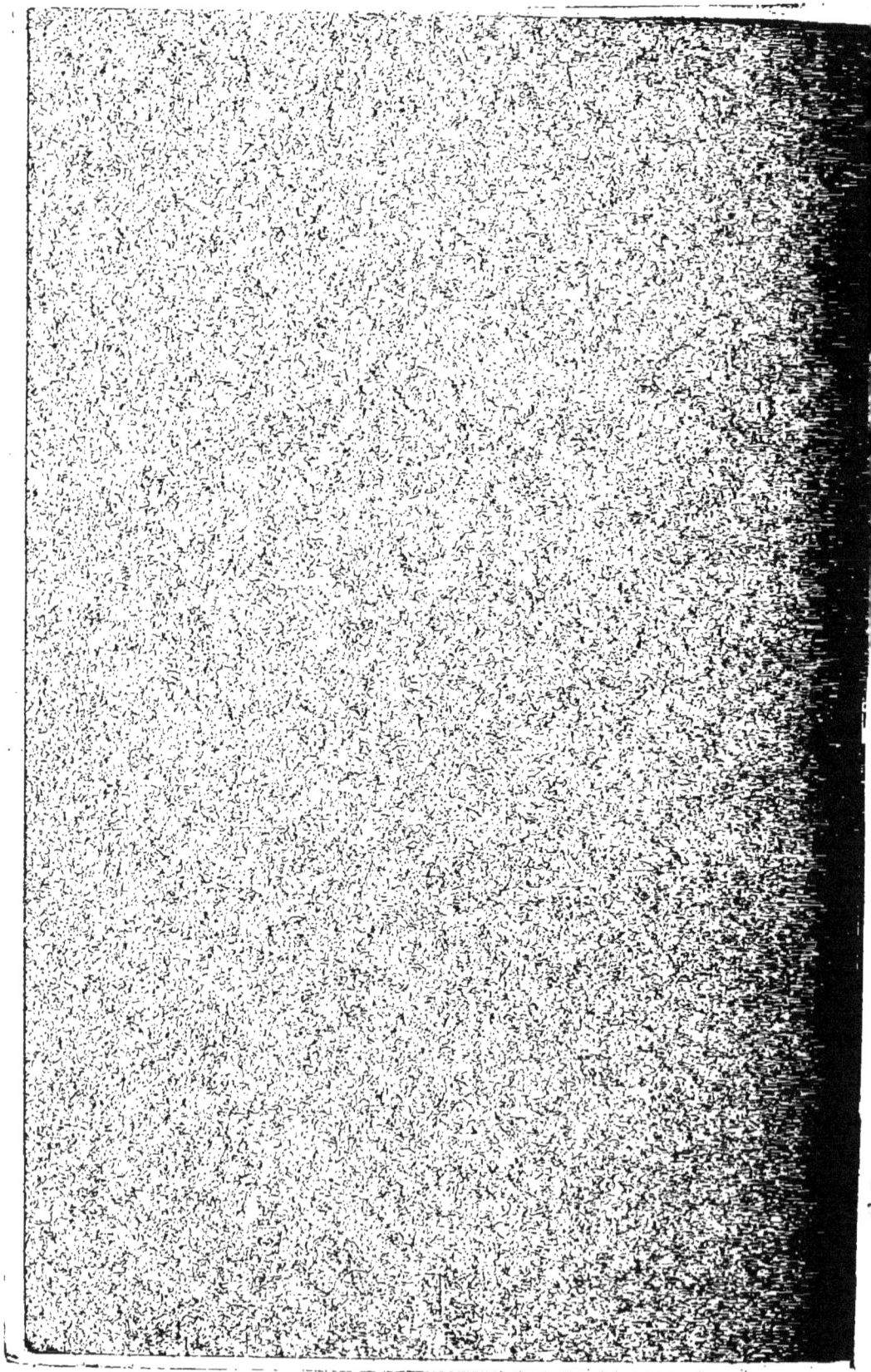

PETITE BIBLIOTHÈQUE PICARDE.

RÉCITS DE L'INVASION.

—

LE LIEUTENANT SCHMIDT

PAR

H. DAUSSY.

—⁂—

AMIENS.

T JEUNET, IMPRIMEUR-ÉDITEUR,

Rue des Capucins, 45.

—

M C DDD LXXXII.

LE LIEUTENANT SCHMIDT.

———◆———

Lorsque Manteuffel accourut de Rouen avec toutes ses troupes pour livrer à Faidherbe la bataille de Pont-Noyelles, la ville d'Amiens fut frappée, le 21 décembre 1870, d'une énorme réquisition.

C'était ce que notre collègue Roger, celui de nos conseillers municipaux à qui elle a donné le plus de soucis, ne manquait jamais d'appeler la *grande réquisition;* et il prononçait cela avec un ton qui garda toujours trace du sentiment de consternation qu'il avait éprouvé en lisant, la première fois, la longue énumération de ce qu'exigeait l'ennemi.

On nous demandait de tout, et en quantités effroyables. Des provisions de de bouche, des meubles, des troupeaux entiers de bêtes ovines, bovines et porcines, des bois, des fers, des cordages, des outils, que sais-je ?

On nous demandait des choses impossibles ; entre autres de la paille, du fourrage, de l'avoine ; nous n'en avions plus depuis longtemps ; les Prussiens le savaient bien. En alléguant notre absolu dénûment de ces denrées, nous ne faisions que leur dire la vérité : une fois n'est pas coutume.

Mais avec eux, même quand on avait cent fois raison et qu'ils le savaient, on ne parvenait pas souvent à avoir raison. Ils persistèrent donc à nous demander de la paille et du fourrage et de l'avoine, répondant à toutes nos observations par un argument très-simple. Vous n'avez pas de fourrages, c'est certain. Eh bien, achetez-en. Il y en a dans la campagne.

Comment voulait-on que la Ville pût faire de pareilles acquisitions ! Nous n'avions pas le droit de sortir de nos faubourgs. Ils étaient gardés, barricadés, mis en état de défense contre l'attaque de Faidherbe, qui menaçait de reprendre Amiens. Il était absurde de demander à des gens qu'on tenait ainsi prisonniers d'aller parcourir les villages pour faire des achats.

Cette objection, qui paraîtra sans doute péremptoire, n'embarrassa aucunement ceux qui étaient alors nos maîtres. Ils la levèrent en nous disant qu'ils se mettaient à notre disposition pour aller eux-mêmes, en notre lieu et place, mais bien entendu à nos frais, chercher dans les villages, acheter et apporter à la citadelle les provisions dont ils avaient besoin. Il n'était pas possible de pousser plus loin l'obligeance. Nous n'aurions aucune peine à nous donner, aucun embarras. Nous n'aurions qu'à payer la facture qui serait présentée à la Ville par ces commissionnaires d'un nouveau genre qui se chargeaient d'opérer pour notre compte dans leur propre intérêt : *Procuratores in rem suam*, auraient dit les jurisconsultes romains. Cette ingénieuse combinaison n'avait pas précisément le mérite de la nouveauté, comme je viens de le prouver en latin, mais elle leur donnait la certitude que leurs affaires seraient bien faites.

Puisque les Prussiens reconnaissaient avoir seuls le moyen de se procurer au dehors les denrées qu'il nous était absolument impossible de leur fournir, puisqu'ils devaient acheter eux-mêmes et pour eux-mêmes, pourquoi donc ne payaient-ils pas aussi eux-mêmes des acquisitions qui n'intéressaient aucunement la ville d'Amiens ? Ou, si cette obligation de payer, conséquence naturelle de tout achat, répugnait par trop à leurs habitudes, pourquoi ne prenaient-ils pas la voie, qui leur était assurément familière, d'une réquisition à la charge des villages ? Quelle raison d'exonérer de réquisition les villages où se trouvaient les denrées requises et de grever la ville d'Amiens qui ne les pouvait fournir ?

C'est que cette demande d'avoine et de fourrages n'était qu'un des nombreux articles de l'énorme réquisition adressée à la ville pour l'approvisionnement de la citadelle. Il fallait mettre la place en état de soutenir un long siége, de résister pendant six mois au moins. La citadelle était le moyen de maintenir la ville dans l'obéissance, moyen efficace ainsi qu'on avait pu en juger quelques jours auparavant. Par conséquent, tout ce qui la concernait était à la charge de la ville. C'était à nous de payer.

Devant la force de cette logique, ou, plus exactement, devant cette logique de la force, il n'y avait plus qu'un argument à opposer : l'éternelle ressource des vaincus. « *Non possumus*. Il faut de l'ar-
« gent pour payer et nous sommes épui-
« sés. Le coffre à l'argent est vide aussi
« bien que le coffre à l'avoine ; et il n'y a
« pas plus d'espèces chez les particuliers
« que dans la caisse municipale. On a
« pu voir avec quelle peine, il y a trois
« semaines, nous avons réalisé, par voie
« de souscription, l'emprunt du million
« exigé pour le cautionnement des mo-
« biles faits prisonniers à la citadelle —
« *Non possumus*. »

Sur ce thème, cent fois rebattu, notre maire, ou, comme nous disions entre nous, le Patron, savait exécuter avec un talent infini, avec des ressources d'esprit inépuisables, les plus remarquables variations. Au nombre des succès que lui

valut son jeu profondément habile il faut
compter la convention à laquelle aboutit
la négociation de cette affaire de la
Grande Réquisition.

Les Prussiens consentirent à imputer
une partie de ce que nous aurions à
payer, notamment le coût de l'avoine et
du fourrage, sur le million qu'ils avaient
à nous comme cautionnement des mo-
biles de la Citadelle. On les avait mis en
liberté sous serment de ne plus servir
contre la Prusse, mais on avait exigé de
la Ville le versement d'un million pour
garantie de l'exécution de cet engage-
ment. Nous avions donc un million à nous
entre les mains des Prussiens, si on peut
dire qu'on a de l'argent à soi quand il est
en de telles mains. Pourvu que les mo-
biles restassent fidèles à leur serment,
ce million nous devait être rendu à la fin
de la guerre. Du moins on nous l'avait
promis. Mais quel fondement faire sur

une promesse de ce genre ? Est-ce que
nous aurions pu, si plus tard la restitution nous était refusée, sous un prétexte
quelconque, assigner Sa Majesté le roi
de Prusse pour l'y contraindre ? On sait
« qu'il y a des juges à Berlin », mais
cela ne nous rassurait guères. Imputer
une partie du coût de la grande réquisition sur la restitution à nous faire, c'é-
tait, jusqu'à due concurrence, assurer
cette restitution.

L'habileté du Patron nous avait donc
obtenu une transaction aussi favorable
que possible, puisque nous n'avions pas
de nouveau décaissement à faire.

En résumé, car il est bon de résumer
cette situation un peu compliquée, il fut
arrêté : 1° que les Prussiens iraient acheter dans les campagnes l'avoine et le
fourrage qu'ils nous avaient demandés ;
2° que cette opération se ferait avec des
deniers avancés par eux pour le compte

de la Ville ; 3° qu'ils se rembourseraient de cette avance en retenant somme égale sur la restitution qu'ils auraient à nous faire du million de cautionnement.

* * *

Cet exposé était nécessaire pour faire comprendre ce qui amenait à la Mairie, environ un mois après, le jeudi 19 janvier 1871, M. Schmidt, officier d'administration du 8ᵉ corps, ayant rang de lieutenant. C'était lui qui avait été chargé d'opérer les acquisitions d'avoine et de fourrage, et il en apportait la note pour régler compte avec la Ville. Ce jour-là j'étais à Albert ; on aboucha cet Allemand avec le premier adjoint, qui ne parvint pas à s'entendre avec lui par la raison que l'officier savait à peine quelques mots de français et l'adjoint pas un mot d'allemand.

« Tu vas avoir la visite de cet offi-

1.

« cier, me dit le lendemain matin mon
« camarade Dewailly. Je n'ai rien com-
« pris à ce qu'il a voulu me raconter ; et
« je l'ai ajourné à ce matin pour que
« tu débrouilles son compte. Il y a là
« quelque chose qui ne me paraît pas
« très-clair. »

Je vis arriver sur les dix heures un
officier d'administration accompagné
d'un sous-officier de hussards. Les offi-
ciers d'administration se reconnaissaient
aisément ; les boutons de la capote étaient
blancs, ainsi que les garnitures du cas-
que. Celui-ci était un homme d'une tren-
taine d'années, petit, maigre, rougeaud,
brun de cheveux ; une physionomie de
chafouin, de petits yeux noirs fort vifs. Je
le fis asseoir près de moi et procédai à
l'examen des papiers qu'il me présentait.

C'étaient d'abord les factures de la
paille, du fourrage et de l'avoine qu'il

avait achetés. Elles se montaient à un total d'environ 21,000 francs, une assez jolie somme. Là dessus je n'avais point la possibilité de faire des critiques utiles. Je pouvais conserver *in petto* certains soupçons. Mais n'ayant aucun moyen de les vérifier, je n'avais pas le droit de les laisser voir. Nous aurions été bien reçus, en effet, à mettre en doute la loyauté d'un officier prussien et à le suspecter d'avoir abusé de la confiance dont la ville d'Amiens se trouvait l'avoir investi, bien malgré elle assurément. Sur ces questions d'honorabilité les Allemands se montraient fort chatouilleux. Du reste, c'était la signature de nos compatriotes que M. Schmidt me représentait au bas des factures acquittées : nous devions avoir au moins confiance à des Français. Quoique médiocrement convaincu de la régularité des opérations, je ne soulevai pas la moindre objection. Le compte des 21,000 fr. fut donc réglé et dut être imputé sur le million dont j'ai parlé.

* * *

Mais, en outre de cette réclamation ainsi admise, M. Schmidt en produisait une autre à laquelle je ne pouvais faire le même accueil. Il demandait environ 600 fr. pour lui personnellement, comme remboursement d'avances, débours et faux frais dont il présentait les notes. Il avait dû, disait-il, se faire accompagner, pour parcourir les campagnes, d'un petit détachement, afin d'assurer la sécurité de sa personne et aussi afin de contraindre les paysans, s'il en était besoin, à vendre leurs denrées. C'est ce détachement qui lui avait occasionné les débours objet de sa réclamation.

Le souci de la sécurité personnelle de M. Schmidt me touchait fort peu, je le confesse : je remarquais d'ailleurs que presque tous ses achats avaient été faits à Poix et dans les environs, c'est-à-dire dans une contrée où il n'avait pas couru le moindre danger, puisqu'il tournait le dos aux opérations militaires qui toutes s'étaient accomplies au Nord de la Somme.

Quant à l'utilité d'un moyen de pression sur les paysans, j'en étais encore moins touché s'il était possible. Seulement cela me donnait la mesure de la liberté qui avait pu présider aux conventions intervenues, et, par suite, du degré de confiance que méritaient les factures que j'avais acceptées comme sincères.

Ce petit détachement, ce *commando*, comme il l'appelait, se composait de 20 hussards et de 25 hommes d'infanterie, le tout placé sous les ordres d'un maréchal des logis de hussards ; celui-là même

1..

qui accompagnait M. Schmidt et qu'il m'avait présenté. M. Quack, c'était son nom, servait pour ainsi dire de témoin à l'appui de la réclamation.

Le détachement avait usé ses chaussures, ses vêtements au service de la ville d'Amiens ; et là dessus venait une note de réparations et raccommodages de toutes sortes. Il avait fallu, à cause de la neige et du verglas, ferrer à glace les chevaux du détachement, et on produisait les notes des maréchaux. Tout cela, et d'autres articles que je passe, était dû par la ville d'Amiens, dont M. Schmidt avait été le mandataire, dont il avait fait les affaires avec zèle et probité. Dans l'intérêt de la Ville, M. Schmidt avait même dû payer à boire aux paysans, car, faisait-il observer, à la campagne, on ne conclut guères de marché sans trinquer. Ceci était un peu contradictoire avec le système d'intimidation auquel était destiné le fameux *commando*.

J'admettais sans peine que M. Schmidt était allé au café, et qu'il y avait bu, et les hussards aussi, et les fantassins pareillement. Il n'avait pas besoin de m'amener son Quack pour m'attester le fait ; mais ce que je ne pouvais accepter, c'est que toutes ces notes de cabaret fussent à la charge de la Ville, et malgré le soin avec lequel M. Schmidt, qui était très-verbeux, me racontait en détail tout ce qu'il avait fait pour nous, énumérait les peines qu'il s'était données, les débours qu'il avait exposés pour nous faire conclure des marchés avantageux, tels que nous n'aurions pu les obtenir si nous avions agi par nous-mêmes, j'avais quelque peine à ne pas lui rire au nez.

Sa prétention avait en effet un côté réellement plaisant : mais ce qui était

plus drôle, c'était la précision de détails,
le luxe de pièces justificatives et le ton
de conviction dont il l'appuyait. Quelle,
que fût sa prolixité, je pris un malin
plaisir à le laisser aller jusqu'au bout.
Je l'écoutais avec attention, dans une
attitude presque recueillie, admirant un
si magnifique aplomb et un si joli talent
de mise en scène.

Quand il eut enfin terminé, je lui ré-
pondis simplement que je ne paierais pas
un centime de tout cela.

Il parut stupéfait du peu de succès
de son éloquence, et voulut ouvrir une
discussion à laquelle je me refusai positivement. J'avais un argument sans ré-
plique qui me dispensait de tout débat.
Sa demande n'était revêtue d'aucune des
signatures auxquelles nous devions satis-
faction.

Nous ne payions rien que sur ordre ex-
près du préfet ou du commandant de

place, ou du commandant de la citadelle, ou du commandant des étapes : c'était bien assez, on en conviendra, d'avoir à obéir aux injonctions de tant de commandants. Les choses avaient été ainsi réglées avec l'autorité prussienne et il va de soi que nous tenions rigoureusement à l'exécution de ce règlement.

M. Schmidt, qu'on ne prenait pas aisément à court d'argumentation, répliqua qu'il ne s'agissait point d'une réquisition nouvelle, mais de l'application ou, si l'on voulait, de l'interprétation de celle qui nous avait été faite, dans les conditions les plus incontestablement régulières, à la date du 21 décembre.

L'objection n'était pas sans valeur. Elle prouvait en tout cas que ce jeune officier d'administration s'entendait fort bien aux affaires.

Mais il était facile de la réfuter. Car

1...

l'interprétatiou de la réquisition du mois de décembre, en supposant qu'elle pût comporter de pareilles conséquences, ne pouvait être faite que par celui de qui elle émanait. Il n'appartenait pas à M. Schmidt de se constituer juge de telles questions. L'autorité prussienne pouvait seule dire si elle avait entendu mettre ces prétendus frais accessoires des acquisitions à la charge de la Ville ; sauf à celle-ci d'ailleurs le droit de faire valoir ses observations sur une semblable extension de la convention qu'elle avait souscrite.

J'eus toutes les peines du monde à me débarrasser de mon importun officier ; j'avais fini par ne plus lui répondre. Enfin il se décida à quitter la place avec son acolyte. Mais il revint encore deux fois dans l'après-midi; une première fois sans me rencontrer. A la seconde, il voulut recommencer la discussion, mais il eut

la maladresse d'avouer qu'il était allé
demander au commandant de la citadelle
d'approuver sa réclamation et que celui-
ci avait refusé d'intervenir dans cette
affaire qui ne pouvait concerner que la
préfecture prussienne. Raison de plus
pour moi de persister dans mon refus.
M. Schmidt dut encore tourner les talons,
toujours suivi de son inséparable Quack.

*
* *

Je m'en croyais définitivement quitte,
mais dans la soirée, vers huit heures,
comme je venais de rentrer à la Mairie,
mon homme arrive, seul cette fois. Il
était triomphant. Il m'apportait son pa-
pier, celui que j'avais vu, lu et relu, que
je connaissais par cœur, mais au bas du-
quel il y avait deux mots ajoutés. Vu :
Lehndorff. Cela changeait singulière-
ment la situation. L'intervention du préfet
prussien, M. le comte Lehndorff, donnait

à la réclamation du lieutenant Schmidt
un caractère qui ne me permettait plus
de la traiter comme je l'avais fait jusque-
là, avec le dédain qu'elle méritait.

J'avais de la peine à m'expliquer que
l'autorité allemande eût sanctionné une
réclamation de ce genre ; quel que fût
mon sentiment sur ses procédés à notre
égard, cela me paraissait invraisemblable ; je n'en pouvais croire mes yeux. Et
pourtant c'était bien l'écriture et la
signature de M. Lehndorff. Je ne les
connaissais que trop.

Résolu à éclaircir la chose, je voulus
remettre l'affaire au lendemain.

Mais M. Schmidt ne l'entendait pas
ainsi. Il voulait son argent, et tout de
suite. J'avais reconnu que sur l'ordre du
préfet nous devions nous incliner, l'ordre
était rapporté ; que le préfet pouvait in-
terpréter la réquisition du mois de décembre, il l'avait interprétée : je n'avais

plus qu'à m'exécuter, sans aucun délai.

A quoi je répondais que j'avais réservé le droit de la Ville de présenter ses observations contre une interprétation abusive. Le maire, à cette heure, n'était pas à l'Hôtel-de-Ville; je ne pourrais lui parler que le lendemain matin ; il fallait donc renvoyer la solution au lendemain.

M. Schmidt ne voulut accepter aucun ajournement. Son service l'appelait à Rouen, disait-il ; le lendemain à huit heures du matin il devait prendre le train ; il lui fallait donc son argent le soir même. C'était la cinquième fois depuis deux jours qu'il venait à la Mairie pour toucher une somme qu'il avait déboursée de ses deniers dans l'intérêt de la Ville. On ne se moquait pas ainsi des gens. Ses pièces étaient parfaitement régulières; il n'y avait plus l'ombre de prétexte pour retarder ou pour contester. Il fallait payer et payer à l'instant.

Je répondais que, chargé des intérêts de la Ville, je voulais les défendre jusqu'au bout, et qu'un administrateur ne paie dans un cas pareil qu'après avoir épuisé tous les moyens de lutter contre des réclamations de ce genre.

« — Je sais ce que c'est que l'adminis-
« tration, disait-il, Dieu merci, l'adminis-
« tration prussienne est célèbre. *(Die
« preussische Verwaltung ist berühmt.)*
« Nous sommes aussi rigoureux et
« aussi formalistes que qui que ce soit.
« Mais devant des pièces régulièrement
» dressées comme celles-ci, vous ne
« trouveriez pas un comptable prussien
« qui osât refuser de s'exécuter sur le
« champ. »

Je n'avais pu m'empêcher de laisser percer un doute sur cette approbation préfectorale donnée en termes si laco-

niques, puisqu'elle résultait d'un simple
visa. Et M. Schmidt de s'indigner alors
contre un soupçon qui portait atteinte à
son honorabilité. « Pour qui me prenez-
« vous ? Oubliez-vous que vous parlez à
« un officier prussien ? Et que voulez-
« vous donc que signifie ce visa signé
« de M. le comte Lehndorff ? Peut-il avoir
« deux sens ? On réclame de l'argent
« à votre ville ; on en fournit la note dé-
« taillée, le préfet la voit, il sait ce dont
« il s'agit. S'il y met son visa, c'est ap-
« paremment qu'il approuve la réclama-
« tion ; et s'il l'approuve, il l'impose à
« la ville; le bon sens le dit. Toutes vos
« objections sont de la pure chicane.
« (*Ein reiner Chicanismus.*) »

Montée à ce ton, la discussion était de-
venue positivement une querelle. Cela
dura près de deux heures. Nous avions
fini par nous lever. Nous étions debout
entre les deux fenêtres qui donnent

sur la rue Delambre. Quelques-uns de mes collègues qui étaient dans la salle d'administration avec M. Billoré, secrétaire de la Mairie, suivaient de l'œil cette scène très-animée, à laquelle ils ne comprenaient rien, et, à voir les gestes de ce petit homme qui se démenait comme un furieux, craignaient que je ne devinsse l'objet d'un acte de violence, comme cela avait déjà failli m'arriver.

M. Schmidt s'en alla comme il était venu ; c'est-à-dire sans argent. A cette heure avancée de la soirée, le caissier n'était plus à la Mairie, de sorte que je n'aurais pu le faire payer quand même j'y aurais apporté autant de bonne volonté que j'y mettais de résistance. Il avait eu pourtant une ingénieuse idée pour tourner la difficulté. Il voulait me faire avancer de ma poche les 600 fr ; je m'en serais remboursé le lendemain sur la Caisse municipale. Je n'ai pas besoin de dire comment j'accueillis cette proposition. Il partit donc furieux.

Je lui avais dit que si, définitivement, je me voyais forcé de le payer, je lui enverrais l'argent à Rouen, qu'il n'avait qu'à me donner son adresse. Non, répondit-il. Je vous enverrai demain le maréchal des logis Quack : c'est dans ses mains que vous vous libérerez.

*
* *

Le lendemain matin, aussitôt que le Patron fut arrivé, mon premier soin fut de le mettre au courant de cette affaire. Il appréciait tout comme moi la réclamation du sieur Schmidt ; mais, si grossier que fût le prétexte mis en avant pour nous soutirer 60) fr., il pensait qu'en présence de la signature du préfet nous ferions bien de nous exécuter. Il ne se souciait pas d'entrer là-dessus en contestation avec M. Lehndorff. Il avait avec lui d'autres affaires bien plus importantes à régler et préférait ne pas élever de difficulté sur l'interprétation manifestement abusive donnée à la réquisition du mois de décembre.

J'étais assez habitué aux combinaisons diplomatiques du Patron pour ne pas m'étonner de sa conduite dans cette circonstance. Il lui arrivait parfois de se montrer fort large avec les Prussiens. Cette facilité sur certaines choses lui valait en compensation les importantes concessions qu'il avait le talent de leur arracher. Dans le marchandage incessant qu'il avait à soutenir, il pratiquait l'art de ces négociants qui savent ce qu'on appelle sacrifier un article pour gagner d'autant plus sur tous les autres.

Cependant je ne pouvais me résoudre à subir l'exigence du sieur Schmidt :

l'idée de le voir ainsi s'enrichir à nos
dépens me révoltait.

* *
*

A dix heures, le fidèle Quack ne man-
qua pas d'arriver. C'était un personnage
fort insignifiant que ce jeune homme ;
dans les débats de la veille il n'avait
joué qu'un rôle de comparse. Probable-
ment M. Schmidt n'avait qu'une médio-
cre confiance dans la capacité de son dé-
légué pour discuter avec moi dans le
cas où je ferais encore des objections.
Aussi avait-il pris soin de lui mettre en
mains une pièce qui devait trancher
toute difficulté. C'était, au lieu de la
note présentée la veille et revêtue d'un
simple visa du Préfet, un document
émané de la Préfecture et constituant,
au dire du maréchal-des-logis, une réquisition catégorique, adressée à la ville
d'Amiens, de payer les 600 fr.

Je lus et relus cette pièce. La rédaction en était assez entortillée, ce qui n'étonnera point ceux qui ont l'habitude de la phrase allemande, surtout dans le style administratif. Elle pouvait en effet avoir le caractère qu'on lui attribuait. Mais elle était écrite de la main de M. Schmidt, et je remarquai que le Préfet, qui l'avait signée, y avait ajouté en interligne un petit mot. Ce mot était pour moi une révélation.

C'est bien, dis-je au sous-officier. Laissez-moi vos papiers et revenez dans une demi-heure : Vous aurez ma réponse définitive.

Ce n'est pas M. Schmidt qui aurait consenti à ce nouvel ajournement. Mais le naïf Quack ne fit aucune objection.

Sans rien dire à personne, je courus à la Préfecture. J'y trouvai M. Lehndorff dans son cabinet de travail, à droite en entrant. Avec lui la conversation avait lieu en français : il parlait couramment notre langue.

« — Monsieur le comte, lui dis-je, voici « une pièce que vous avez signée ce « matin en remplacement de celle sur « laquelle vous aviez apposé hier votre « visa. Je viens vous demander si elle « constitue de votre part une réquisition « formelle adressée à la ville d'Amiens « en faveur du lieutenant Schmidt. Je ne « le crois pas, car voici un mot ajouté de « votre main, en interligne, qui m'auto- « rise à penser que M. Schmidt ne vous « a point expliqué exactement la situa- « tion. « *Angeboten* » c'est-à-dire « of- « fert ». Or la ville d'Amiens n'a rien « promis à M. Schmidt, ne lui doit rien, « ne lui a rien offert, n'entend point le « gratifier. Elle ne paie jamais, vous le « savez, que comme contrainte et forcée, « quand elle ne peut faire autrement. »

« — Monsieur le conseiller municipal,

« ce n'est pas une réquisition, me répon-
« dit M. Lehndorff avec son flegme et sa
« politesse habituels.

« — Fort bien, monsieur le comte,
« c'est ce dont je voulais m'assurer. J'ai
« l'honneur de vous saluer. »

Et je rentrai à la mairie enchanté d'a-
voir cause gagnée.

Quand le sous-officier revint, je lui
déclarai que définitivement nous refu-
sions de payer, sans entrer dans aucune
explication. J'ajoutai seulement que je
gardais les pièces qu'il m'avait remises,
et que j'attendrais que M. Schmidt osât
venir les réclamer.

Il s'en alla sans rien dire. Ni lui ni
Schmidt ne reparurent à la mairie.

Schmidt n'était pas du tout parti
pour Rouen. Je le rencontrai dans l'a-
près-midi, toujours accompagné de son
Quack. Il soutint mon regard avec effron-

terie, mais il se garda bien de me réclamer ses papiers.

*
* *

Je ne pensais plus à cette petite affaire
lorsque, trois semaines après, à ma grande
surprise, je reçus de M. Besch, commandant des étapes, l'invitation de venir
déposer comme témoin dans l'instruction
qui se poursuivait contre le sieur Schmidt,
secrétaire de l'intendauce de campagne.
Nous n'avions fait contre lui aucune
plainte : nous n'avions parlé à personne
de ce qui s'était passé ; il nous suffisait
d'être débarrassés d'une réclamation ri-
dicule et d'un personnage importun.

C'était le Préfet prussien qui avait fait
ouvrir cette information. Il avait com-
pris, par la très-courte conversation que
j'avais eue avec lui, que nous savions
apprécier pour ce qu'elle était la tentative d'escroquerie commise par ce

Schmidt. L'autorité prussienne ne voulait pas nous laisser la pensée qu'elle tolérait de pareils abus. M. le comte Lehndorff, qui pouvait regretter la facilité avec laquelle il avait accepté l'idée invraisemblable d'une gratification offerte par la ville d'Amiens à un prussien, devait tenir à écarter tout soupçon d'avoir favorisé une friponnerie. Il lui importait de montrer que, s'il avait signé le document resté entre mes mains, c'est qu'il avait été induit en erreur par un coquin. Voilà pourquoi, j'en suis persuadé, Schmidt était poursuivi d'office.

★
★ ★

Je comparus donc devant un conseiller de justice prussien, assisté de son greffier, tous deux ayant rang et uniforme d'officier. Ils étaient installés à la gare dans le logement qu'occupe actuellement M. l'Inspecteur général du chemin de fer.

Ces Messieurs me reçurent avec la politesse excessive et fatigante des Prussiens : je n'ai jamais pu m'y habituer. Ils
m'offrirent tout d'abord de boire avec
eux un verre de vin, ce que je refusai.
C'était dans leurs mœurs et point du tout
dans les nôtres. Les juges d'instruction,
chez nous, ne trinquent pas avec les té-
moins qu'ils interrogent. Je laissai donc
le juge et son greffier boire ensemble.
Mais il fallut allumer un cigare, c'était
inévitable. Cela fait, on procéda à mon
interrogatoire.

On me demanda d'abord si j'étais catholique. La formule du serment varie
suivant la religion du déposant. On me
fit lever le pouce, l'index et le majeur
de la main droite, et je récitai la formule
catholique entre deux bouffées de cigare.
Puis je racontai dans tous ses détails
l'histoire de la réclamation infructueuse
de M. Schmidt, laissant à celui-ci tout

la responsabilité et exonérant le sous-officier qui n'avait joué qu'un rôle à peu près passif.

Mon récit était appuyé des pièces que je produisis et qui furent annexées à ma déposition. En voyant la note des fers à cheval et autres jolies choses, le juge et le greffier éclataient de rire. On n'a jamais vu, disaient-ils, plus impudent coquin (*unverschmælter Gauner*).

Je m'attendais à être confronté avec le prévenu Schmidt. Il n'en fut rien.

Je ne fus pas étonné de ne pas être appelé à un débat oral et public ; je savais que la procédure criminelle des Allemands était écrite et secrète dans toutes ses phases, que les juges prononçaient sur le vu des pièces de l'information.

Je n'eus donc plus à m'occuper de cette affaire. Mais j'appris plus tard que Schmidt avait été condamné à je ne sais combien de mois de forteresse et que la peine entraînait la dégradation.

* *
*

Un fonctionnaire prussien, ayant rang d'officier, condamné et dégradé pour avoir tenté d'escroquer de l'argent aux Français. Il y avait donc une justice pour protéger les vaincus, et des juges pour punir les Prussiens qui se permettaient de prendre ce qui ne leur appartenait pas ?

Certainement il y en avait, comme dans toute armée disciplinée ; et on sait que les Prussiens prétendent avoir les troupes les mieux organisées de l'Europe. Il y en avait, et par conséquent l'honneur des principes était sauf.

Mais on peut demander à ceux qui ont subi la présence de l'ennemi : Vous sentiez-vous protégés ? Je sais bien ce qu'ils répondront.

Si j'ai raconté la mésaventure du lieutenant Schmidt qui, pour une simple tentative d'escroquerie, laquelle n'avait pas même donné lieu à une plainte, eut la malechance d'être poursuivi et condamné, c'est à cause de la rareté du fait, unique peut-être dans l'histoire de l'invasion en Picardie.

H. DAUSSY.

21000. — AMIENS, IMP. T. JEUNET.

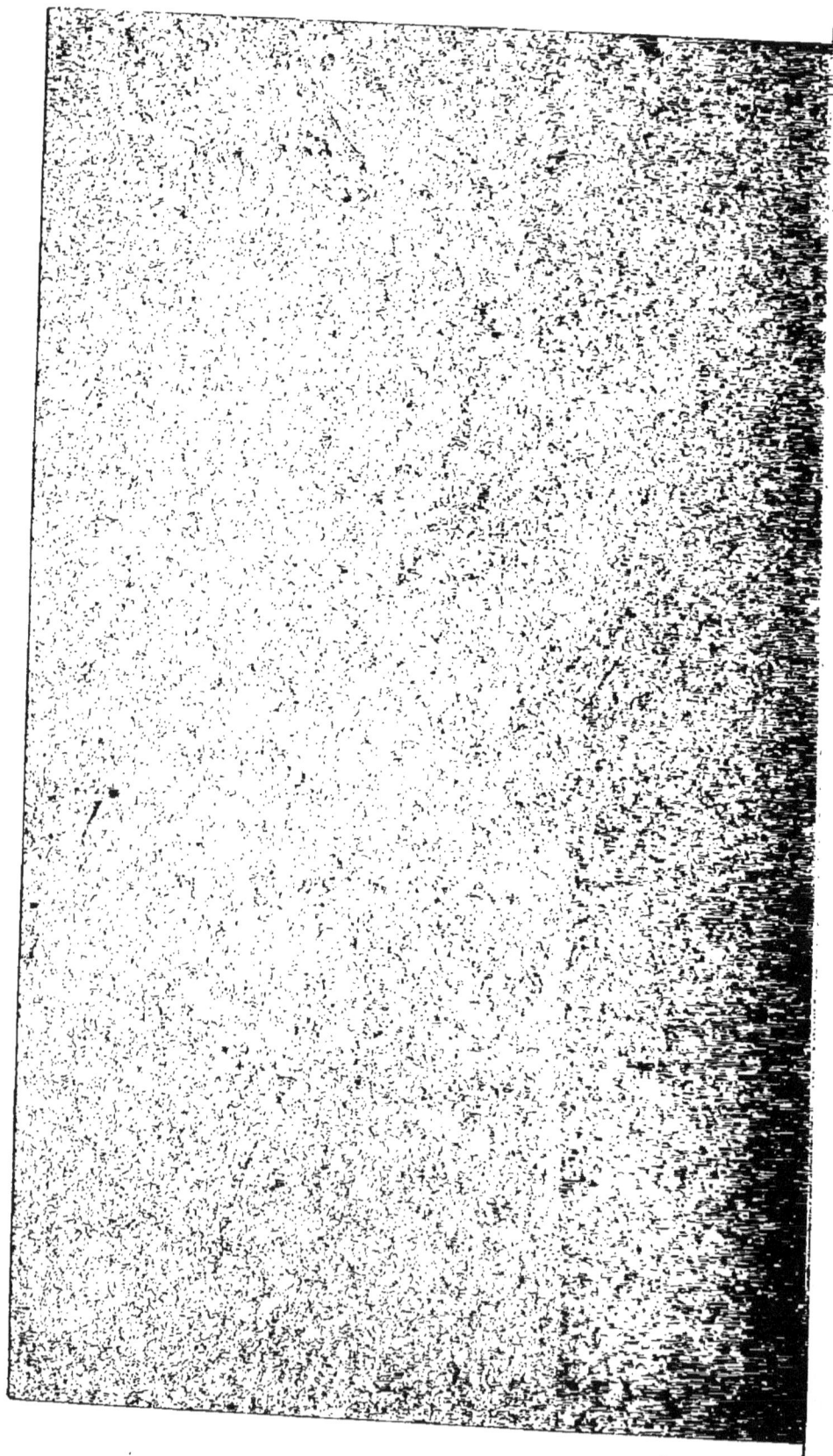